Im Schatten deiner Flügel

Psalmen für Kinder

Marie-Hélène Delval · Arno

Im Schatten deiner Flügel

Psalmen für Kinder

Aus dem Französischen
von Regine Schindler

SAUERLÄNDER

Das Gebetbuch der Bibel – das sind die Psalmen! Auch heute noch spüren wir die große Kraft und die wunderbare Poesie, die aus dem Alten Testament hinüberleuchtet – in unsere Welt, in die Welt unserer Kinder.

Nicht Wunschzettelgebete werden in den Psalmen vor Gott gebracht, sondern kleine Dichtungen, in denen von Gott, von der Welt und vom Kind selbst gesungen wird.

Gott wird in anschaulichen Bildern lebendig: Er ist mein Haus, meine Burg, mein Hirte und mein König; stark ist er, aber auch geheimnisvoll; er wird bejubelt, aber auch um Hilfe gerufen.

Die *Welt* wird als Gottes Schöpfung lebendig: Tag und Nacht, Himmel und Erde, Wasser und Land, Tiere und Pflanzen; ihre Schönheit wird gefeiert, manches ängstigt aber auch. Und in dieser Welt das *Kind*, das seiner Freude oder auch seiner Furcht Ausdruck verleiht, das singt, lobt und dankt. Seine Gefühle werden in eine Schwingung gebracht; Gott wird vorstellbar – immer wieder neu. Das Kind erfährt Gottes Nähe; es fühlt sich geborgen wie in einer Burg; es fühlt sich sicher »im Schatten seiner Flügel«.

Wenn ich auf dich höre, mein Gott,

wenn ich das tue, was dir gefällt,

dann bin ich wie ein Baum am Ufer eines Baches.

Viel Wasser kann der Baum dort trinken.

Er wächst und wächst. Er trägt große rote Äpfel

und seine Blätter sind immer grün.

So bin ich, wenn ich an dich denke, mein Gott:

wie der große, runde Baum.

Psalm 1

Voll hast du mein Herz gemacht,

guter Gott!

Satt bin ich wie nach gutem Essen und Trinken.

Ich lege mich zufrieden hin;

mit dir im Herzen kann ich gut schlafen.

Ich weiß: Du hilfst mir.

Mit dir habe ich keine Angst, großer Gott!

Psalm 4

Die Sonne geht auf.

Die Vögel zwitschern.

Tau tropft von den Blättern.

Der Morgen ist da!

Ich rufe: Bist du da, Gott?

Ich möchte mit dir reden!

Ich bete.

Du hörst doch meine Stimme?

Ich schaue rundum. Ich suche dich.

Dein Name gefällt mir: Gott, Gott.

Ich weiß: Du bist da, auch wenn ich dich nicht sehe.

Psalm 5

Gott, wie herrlich hast du den Himmel gemacht,

mit Sonne und Mond, mit kleinen und großen Sternen.

Er ist wie ein riesengroßes Haus

über uns winzig kleinen Menschen.

Das hast du uns geschenkt,

du machst uns reich.

All das schenkst du uns:

Fische und Vögel, Schafe und Kühe,

Katzen und Hunde, auch Wind und Wolken.

Für uns von dir, du großer Gott.

Psalm 8

Gott, ich danke dir von ganzem Herzen.

Zeigen will ich und erzählen,

was du gemacht hast.

Seht doch: Himmel und Wolken,

Wasser, Berge und Bäume,

den großen Walfisch und den schnellen Vogel.

Die Menschen bauen deine Wunder weiter:

Häuser am Meer, Fischerboote,

große Dampfer, Segelschiffe.

Ich freue mich über alles.

Ich singe ein Lied für dich, du guter Gott.

Du bist groß, du bist gut!

Psalm 9

Hast du mich vergessen, mein Gott?

Ich bin allein.

Ich bin traurig, Tag und Nacht.

Versteck dich nicht hinter den dunklen Wolken.

Mach meine Augen hell und schau mich an!

Ich weiß doch: Du kannst helfen.

Ich singe ein Lied für dich,

weil ich weiß, dass du mich liebst!

Hörst du mich?

Psalm 13

Gott, du bist wie eine starke Burg

und wie ein warmes Haus.

Da haben wir Platz, da sind wir sicher.

Du rettest uns vor denen, die uns Böses wollen.

Blitze machen uns Angst.

Der Wind jagt uns,

der Regen macht uns nass.

Doch du machst uns dein Haus auf.

Du hast uns gehört.

Danke, mein Gott, mein Freund.

Psalm 18

Dunkel ist die Stadt, hoch sind die Häuser.

Alles ist still.

Doch ich habe keine Angst,

weil du da bist, Gott.

Du bist bei mir wie ein Hirte bei seinen Schafen.

Er zeigt ihnen den richtigen Weg.

So bist du, Gott: mit mir!

Psalm 23

Bei dir ist es hell, Gott!

Da hat keiner Angst.

Mein Leben lang will ich in deinem Haus wohnen

und immer wieder zu dir fliegen

wie ein bunter Schmetterling.

Psalm 27

Du starker, großer Gott.

Deine Stimme ist über dem mächtigen Wasser.

Deine Stimme ist wie Donner.

Deine Stimme ist so stark, dass Berge hüpfen.

Deine Stimme ist wie ein Wirbelwind,

dass die Bäume tanzen.

So stark bist du, Gott!

Gib auch mir von deiner riesengroßen Kraft!

Psalm 29

Gott, du zeigst mir den richtigen Weg,

einen Weg über weiche Wiesen,

einen Weg mit dir.

Ich weiß, dass du da bist.

Ich war böse,

aber ich kann dir alles sagen, was ich gemacht habe.

Du hast das Böse klein gemacht.

Du hast mir vergeben.

Gott, ich freue mich so sehr!

Psalm 32

Ich rufe über das Wasser.

Ich rufe mit dem Wind:

Du bist gut, Gott, du hast mich gehört.

Ich schmecke und ich rieche dich, Gott!

Mein Gesicht leuchtet,

wenn ich in deinen Himmel schaue.

Es geht mir gut –

ich habe alles, was ich brauche,

von dir, mein Gott.

Psalm 34

Wie eine Hirschkuh, die Wasser sucht,

so bin ich: Ich habe Durst.

Ich suche nicht Wasser, ich suche dich, Gott.

Ich möchte dich trinken,

ich möchte dich sehen.

Ich weine, weil ich dich nicht finde, Gott!

Zeige mir doch den Weg zu deinem Wasser,

den Weg zu deinem Haus.

Ich muss warten, bis ich dich finde.

Danke, mein Gott.

Psalm 42

Du bist bei mir, Gott,

du beschützt und behütest mich.

Darum habe ich keine Angst

im gewaltigen Sturm,

bei Blitz und Donner.

Die Erde zittert, Berge fallen ins Meer.

Da sind Wellen, höher als ein Haus.

Aber ich habe keine Angst.

Denn du bist bei mir, Gott,

mein Schutz und mein Retter.

Psalm 46

Ihr Kinder der ganzen Erde,

nehmt euch an den Händen!

Klatscht und ruft laut: Gott ist unser König.

Er ist der König für uns alle.

Wir gehören zusammen

und wir wollen singen, laut singen:

Gott, wir gehören zu dir!

Psalm 47

Ich komme zu dir, mein Gott,

auch wenn ich böse zu jemandem war,

auch wenn ich dich fast vergessen habe:

Ich komme immer wieder zu dir.

Ich fühle mich schmutzig, wenn ich böse war,

und ich bitte dich: Wasche das Böse von mir ab!

Mache mich rein!

Mache mich weißer als Schnee!

Mache mich offen wie eine Blume!

Glücklich bin ich und voll Dank.

Psalm 51

Gott, mein Gott, ich suche dich,

ich brauche dich.

Vor dem Einschlafen denke ich an dich.

Und plötzlich bist du mir ganz nahe;

ich werde froh und ruhig, ich spüre dich.

Wie unter den Flügeln eines riesengroßen Vogels

bin ich geborgen, bei dir, mein Gott.

Ja, jubeln kann ich im Schatten deiner Flügel!

Psalm 63

Mein Gott, es geht mir schlecht.

Versunken im Schlamm,

tief unten im Wasser – so fühle ich mich.

Ich habe Angst vor dem Ertrinken.

Ich rufe.

Vom Rufen bin ich müde,

und mein Mund ist ausgetrocknet.

Ich bete:

Rette mich, dass ich nicht ertrinke.

Hilf mir, Gott! Ich brauche dich!

Psalm 69

44

Hilf mir, Gott!
Ich habe Angst,
weil mich böse Menschen verfolgen.
Rette du mich, komm schnell!
Du kannst helfen, Gott!
Komm doch bald!

Psalm 70

Wie schön ist es, bei dir zu wohnen, Gott!

Du hast ein wunderbares Haus.

Auch der Sperling hat einen Platz gefunden

für sein Nest – das ist seine Wohnung.

Und die Schwalbe hat ein Nest für ihre Jungen.

Alle haben ein Haus.

Mein Haus bist du, Gott.

Psalm 84

Einen Baum lässt du wachsen, Gott.

Er steht fest in der Erde, mit starken Ästen.

Dein Baum trägt mich,

und dein Himmel ist nah.

Da bin ich in Frieden.

Da will ich dich hören, mein Gott.

Ich will hören, was du sprichst.

Und ich will deine Erde sehen:

Wie schön hast du alles gemacht,

du guter Gott.

Psalm 85

Hör mich doch, ich habe Angst.

Es ist so dunkel, ich fürchte mich.

Ist jemand hinter den dicken Bäumen versteckt?

Zeige mir auch im Dunkeln den Weg, mein Gott!

Und mache mich stark!

Höre mich, ich rufe und ich suche dich.

Mach, dass ich dich spüre!

Psalm 86

Den ganzen Tag habe ich gerufen: Gott, Gott!

Hörst du mich? Jetzt ist es Nacht, und ich stehe vor dir.

Ich strecke meine Arme aus nach dir.

Ich brauche dich, guter Gott.

Ohne dich bin ich traurig.

Ohne dich habe ich keine Kraft.

Ohne dich habe ich nur die Dunkelheit.

Verstecke dich nicht,

höre mich, sei bei mir, Gott!

Psalm 88

So schnell geht der Tag vorbei:

Morgen – Mittag – Abend.

Ich mache große Schritte, ich mache Sprünge

durch meinen Tag, durch meine Zeit.

Die Zeit saust – wie meine Beine und wie mein Hund.

Doch du, Gott, du hast die Zeit in deiner Hand.

Tausend Jahre sind bei dir wie ein Tag –

das ist ein Wunder, das ich nicht verstehe.

Gehe du mit mir durch die schnelle Zeit,

durch deine Zeit, durch meine Zeit.

Psalm 90

Wenn Gott mich beschützt,

habe ich vor nichts Angst.

Keine Angst vor der dunklen Nacht,

keine Angst vor den heißen Sonnenstrahlen am Tag.

Wie ein großer Vogel bedeckt mich Gott.

Ich bin sicher im Schatten seiner Flügel.

Psalm 91

Kommt alle, singt ein Lied für Gott!

Freut euch und kommt zu ihm.

Denn Gott ist ein guter Gott!

Seht doch: In seiner Hand hält er das Meer.

Er hält Häuser und Wege.

Er hält Bäume und Berge.

Alles hat er gemacht.

Alles hält er in seiner Hand.

Kommt alle, dankt Gott mit einem Lied.

Dankt ihm für alle Dinge in seiner Hand!

Psalm 95

Singt alle mit!

Singt ein neues Lied mit mir, ein Lied für Gott!

Singt mit, ihr Berge,

singt mit, ihr Bäume,

singe mit, großes Meer, durch dein Brausen.

Singt mit, ihr Ströme –

eure Wellen sollen klatschen wie Hände.

Spielt ihr Menschen auf der Trompete!

Singt alle mit, ein Lied für Gott!

Psalm 98

Hört uns, kommt mit,

freut euch mit uns!

Wir wollen jauchzen und singen für Gott.

Wir freuen uns über seinen Morgen.

Wir freuen uns über seine Wiesen,

über die Berge und die helle Sonne.

Er hat auch uns gemacht,

auch den Vogel auf dem Baum.

Wir wollen ihn nicht vergessen,

den großen guten Gott!

Psalm 100

Ich will Gott loben:

Gut ist Gott und groß und stark.

Wenn ich böse war,

wenn ich schwach bin,

dann nimmt mich Gott an der Hand.

Wie ein Vater hält er mich fest.

Gott kennt mich, er trägt mich

und schenkt mir, was ich brauche.

Loben will ich Gott!

Psalm 103

Gott, du bist groß.

Wie ein riesengroßes Zelt hast du den Himmel aufgespannt.

Unter dem Himmel hast du die Erde gemacht, fest und schön.

Berge und Täler hast du gemacht,

das Wasser hast du geschickt.

Viel Wasser für die Tiere, die Durst haben,

für die Bäume, sie werden groß und stark.

Alles hat Gott wunderbar gemacht,

auch den Menschen, der hier alles findet, was er braucht.

Auch mich hat Gott gemacht.

Darum singe ich ein Lied für ihn.

Halleluja!

Psalm 104

Mein Herz ist bereit, Gott!

Ich singe für dich.

Ich spiele auf der Harfe.

Ich spiele ein Freudenlied für dich.

Ein Freudenlied in der Nacht!

Du bist da, im Himmel und auf der Erde.

Du bist da und hast mich lieb!

Du hilfst mir. Danke!

Psalm 108

Vom Aufgang der Sonne

bis zu ihrem Niedergang
sei gelobet der Name des Herrn!
Ja, so singen wir, und wir danken Gott.
Halleluja!

Psalm 113

Ist Gott da hinten, da oben?

So fragen sie uns.

Zeigt ihn doch, euren Gott!

Und wir sagen: Gott ist im Himmel,

wir sehen ihn nicht,

aber er hört uns.

Er hört die Kleinen und die Großen.

Auch die Kinder.

Er hat uns die Erde geschenkt;

sie ist hell und grün.

Von dir für uns: Danke, guter Gott!

Halleluja!

Psalm 115

Aus allen Ländern der Welt kommen wir.

Lasst uns singen, ihr Menschen aller Länder.

Lasst uns singen für Gott, der uns liebhat!

Er ist bei uns; er beschützt alle seine Menschen.

Ein treuer Freund ist Gott, bis ans Ende der Welt.

Halleluja!

Psalm 117

Ich gehöre zu Gott.

Ich weiß, dass Gott bei mir ist.

Das macht mich stark.

Ich bin stark wie ein Berg,

wie ein Berg, auf dem eine Stadt steht,

ein fester Berg, der nicht wankt,

ein Berg, höher als die Wolken.

So stark bin ich, weil ich zu Gott gehöre.

Wie ein Berg!

Psalm 125

Ich warte und warte.

Ich warte auf dich, Gott.

Von weitem rufe ich dich.

Ich warte auf deine Stimme

und möchte dich hören.

Ich warte auf das Ende der Nacht

wie ein Nachtwächter, der im Dunkeln aufpasst.

Ich weiß: Der Morgen kommt nach jeder Nacht.

Wie der Morgen, so kommst auch du!

Komm bald!

Psalm 130

Danke, du guter Gott.

Du bist bei uns für immer.

Du hast den Himmel wunderbar gemacht,

auch die Erde hast du geschaffen,

und die Lichter am Himmel: Sonne, Mond und Sterne.

Deine Welt ist voller Wunder!

Danke, du guter Gott.

Ja, du bist bei uns für immer!

Psalm 136

Gott, du kennst mich.

Du siehst mich, wenn ich sitze.

Du weißt, wenn ich stehe.

Du kennst meine Gedanken.

Du weißt, was durch meinen Kopf geht.

Du siehst, was ich in der dunklen Nacht mache.

Deine Augen sehen mich am Tag.

Ja, du kennst meine Geheimnisse.

Du kennst mich Gott, du selbst hast mich gemacht;

wunderbar hast du mich gemacht.

Ich danke dir!

Psalm 139

Höre mich, mein Gott.

Ich strecke meine Hände nach dir aus.

Ich denke an dich.

Zeig mir den Weg, den ich gehen soll.

Sag mir, was ich tun soll.

Ich möchte deine Stimme hören.

Sei bei mir,

denn du bist mein Gott.

Psalm 143

Lasst uns tanzen und singen – ein neues Lied für Gott!

Mit der Pauke, der Harfe und der Zither

machen wir Musik für dich.

Wir tanzen und springen

für dich, unser Gott.

Du guter Gott, unser König bist du.

Alles hast du gemacht.

Halleluja!

Psalm 149

Weitere Informationen zum Kinder- und Jugendbuchprogramm
der S. FischerVerlage, auch zu E-Book-Ausgaben,
gibt es bei www.blubberfisch.de und www.fischerverlage.de

Erschienen bei FISCHER Sauerländer
Die französische Originalausgabe erschien 2003
unter dem Titel ›Les Psaumes pour les tout-petits‹
bei Bayard Editions, Montrouge
© Bayard Editions 2003 und 2011

Für die deutschsprachige Ausgabe:
© S. Fischer Verlag GmbH, Frankfurt am Main 2015
Umschlaggestaltung: Regina Solf
unter Verwendung einer Illustration von Arno
Satz: two-up, Düsseldorf
Druck und Bindung: Druckerei Theiss GmbH,
St. Stefan im Lavanttal
Printed in Austria
ISBN 978-3-7373-5177-5